Tibor Rácskai und Peter P. Neuhaus

Gerne wieder!

Impressum

Gerne wieder! erscheint im Eigenverlag
Alle Rechte bei den Autoren Tibor Rácskai und Peter P. Neuhaus
München und Menden (Sauerland), 2014

Anschrift und Kontakt:
www.lesung-mit-wasserglas.de

ISBN 978 3 7357 8753 8
Herstellung und Verlag BoD – Books on Demand, Norderstedt

1. Erster Teil

2. Lichtbildervortrag

3. Zweiter Teil

Guter Gastgeber

Die unglaubwürdigste Ausrede, leere Flaschen nicht, wie sich's gehört, zum Container bringen zu müssen, fand einmal ein junger Mann aus der Wohngemeinschaft, in der ich damals lebte. Er hatte nämlich die Angewohnheit, die Reste seiner allwöchentlich stattfindenden Orgien nicht zu beseitigen, sondern in der Küche zu stapeln. Darum gebeten, wenigstens die Pfandflaschen zurückzubringen, lehnte er dieses Ansinnen brüsk ab, weil er, wie er sagte, gerne ein paar leere Flaschen im Haus habe, falls einer seiner Gäste nichts trinken wolle.

So geht's doch auch

Von einem Freund, der einige Jahre als Pfleger in der Psychiatrie gearbeitet hat, hörte ich einmal die folgende Geschichte: ein Patient wurde dabei beobachtet, wie er stundenlang auf die Uhr schaute und in regelmäßigen Abständen lauthals fluchte und Verwünschungen ausstieß. Darauf angesprochen, was er denn da mache, jammerte die arme Seele, dass er befürchte, nicht mehr ganz richtig im Kopf zu sein, weil früher, da habe er durchaus eine Stunde schon mal in zwanzig Minuten geschafft.

Drohnenpilot Hubert

Spanner sein war Huberts Traum
schon früher, als er hoch im Baum
vorm Schwimmbad saß, grad dreizehn Jahr.
Gerichtet war sein Augenpaar

auf eine Umkleidekabine,
wo seine Schulfreundin Sabine …
doch das ist ja schon lange her.
Heut denkt er sich: So richtig schwer

kann Drohnen fliegen auch nicht sein.
Das ist mein Traum, da steig ich ein:
Drohnenpilot. Ha! Tiptop!
Das Spannen mache ich zum Job.

Im ultraleichten Drohnending
träumt Hubert sich als Drohnenking.
Von oben, wo sich Wolken blähen
tät er dann nach Verbotnem spähen.

Der Hubert säh, wo du grad bist.
Der Hubert wüßte, was du isst.
Der Hubert knipste Mullahs Bart,
und Sex vom Ahmadinedschad,

den Kim Jong-Il beim Kinderfressen,
Obama, wenn er selbstvergessen
am Sack sich kratzt. Nur Sarkozy,
der ist zu klein, den säh er nie.

Der Hubert im Aeroplan
schaut Weibern nach in Pakistan
gafft runter kurz auf Heilgendamm
und fühlt sich dabei stark und stramm.

So wär es, wenn er Späher wäre,
hoch oben in der Atmosphäre.
Er knipste durch ein kleines Loch
die ganze weite Welt. Jedoch:

Was muss er in der Zeitung lesen?
Ein Drohnenabschuss ist gewesen?
Iran hat auf das Ding geschossen,
und doch ist da kein Blut geflossen?

Das war dem Hubert nicht bekannt:
Die Drohne ist stets unbemannt?!
Drohnenpilot – aus der Traum.
Jetzt muss er wieder auf den Baum.

Ein Markentraum

Bisher glaubte ich, den Versuchungen des Kapitalismus gegenüber relativ immun zu sein. Ob bei Milch oder Hosen, die Marke des Produktes ist mir völlig wurscht, wenn es nur billig und nicht sauer ist und keine Löcher hat. Neulich aber bin ich selig lächelnd aufgewacht, weil ich im Traum mein No-name-Gedächtnis gegen eines von Armani eingetauscht hatte. Das gab mir dann doch zu denken.

Was man so erben kann

Als meine Oma gestorben war, haben wir beim Ausmisten des Dachbodens eine kleine Holzschachtel gefunden. Auf dem Etikett stand in feinem Sütterlin geschrieben: „Unbrauchbare Schnurreste 1938". Weitere Jahrgänge fanden wir nicht, und darüber hinaus war die Schachtel leer. Während des Krieges ist meine Oma wohl ein wenig klüger geworden.

Duett im Bett

Es stärkt die Lebenskraft und ist sehr nett,
hilft nebenbei die Seele weiten,
wenn ähnlich sich der Jahreszeiten
ein Wechsel einstellt auch im Bett.

Es schärft die Sinne, wenn man sich beizeiten
orientiert zum Neu-Duett.
Jedwedes Wesen scheint dafür adrett:
die doofen und auch die gescheiten.

Schnurzpiepegal! Man darf frohlocken.
Denn einem jeden sind so mannigfaltig tief
und allerschönst Genüsse zu entlocken.

Man lernt von einem das, und dies von jener.
Und überhaupt: wer viel mit vielen schlief,
schläft auch viel tiefer und bleibt homogener.

Three Kings

Sie sind echte Kerle, sie reiten zu dritt.
Wo immer sie hingehn, gehn Goldkettchen mit.
Ob Weihrauch, ob Shisha, sie ziehen sich's rein.
Im Morgengraun woll'n sie in Bethlehem sein

Sie nennen sich Achmed, Hilal und Khalid.
Dolce Gabbana ist für sie der Hit.
Kamele getunt, Klamotten zu bunt.
Der Background der drei: Migrationshintergrund.

Arme voll Tattoos, Haargel wie Butter.
Zum Jesuskind woll'n sie und zu seiner Mutter.
Josef wird cool sein, Maria kein Luder.
Wenn's Ärger gibt, dann holt Khalid „seine Bruder".

Sie sprechen zwei Sprachen und keine so richtig.
Wohin sie der Stern führt, ist gar nicht so wichtig:
In diesen Klamotten kommen die drei
an Bethlehems Türsteher eh nicht vorbei.

Der Mann aus Bochum

Ein beliebiger Tag, eine beliebige Fußgängerzone. Da müssen Sie durch. Auf einmal steht Ihnen ein blöde glotzender Mann im Weg. Sie können nicht mehr ausweichen. Fluchend humpeln Sie weiter. Doch halt! Nicht so eilig. Wer ist dieser Mann? Haben Sie sich ihn schon mal näher angesehen? Solche Männer gibt es in allen Fußgängerzonen der Welt. Sie werden von ihren Frauen vor Kaufhäusern abgestellt, vollbepackt mit Plastiktüten. Mein Freund Peter, von dem ich das weiß, ist allerdings der Meinung, es handle sich nur um einen einzigen Mann. Der Mann komme, so sagt er, aus Bochum und seine Frau stelle ihn jeden Tag vor Karstadt ab, für eine Stunde oder länger. Dann, so Peter, der es beobachtet haben will, verschwinde der Mann plötzlich und tauche ebenso plötzlich wieder auf. Nur einige Sekunden, jeden Tag. Und sobald seine Frau ihn abhole („Wat glotzte denn so blöde?"), sage er, noch ganz benommen, den immer gleichen Satz: „Du, ich war gerade ganz woanders." Demnächst auch in Ihrer Fußgängerzone, achten Sie mal drauf.

Wie hätten Sie entschieden?

Manchmal liest man sowas ja oder sieht es im Fernsehen. Wie eine zum andern sagt: „Du liebst mich nur wegen meines Geldes." Dann denk ich immer: Sei doch froh, du dumme Gans! Hauptsache, dass! – Vor einigen Jahren aber nahm ich an einer großen Ausstellung teil, mit einem kleinen Bild. Es hing ganz hinten, direkt neben dem Klo. Spätabends nun, wir waren alle schon ziemlich betrunken, verspürte einer der anwesenden Prominenten, ein Ihnen sicher nicht unbekannter Literat, ein dringendes Bedürfnis. „Zeig mir doch mal dein Bild", lallte er. Willfährig und stolz führte ich ihn vor mein Werk. „Sehr schön", sagte er, „wirklich toll", und legte seinen Arm um meine Schultern. Das Bild hat er gar nicht angeguckt, weil er ganz damit beschäftigt war, mich sanft in Richtung Klo zu dirigieren. Ich stemmte mich entsetzt, aber ebenso sanft dagegen. So tanzten wir eine Weile scheinbar einen Sirtaki. Irgendwann gab er auf und wankte unbefriedigt von dannen. Wenn dieser unverschämte Patron wenigstens Begeisterung geheuchelt hätte. Dann hätte ich sagen können: „Du liebst mich nur wegen meiner großen Begabung." Und wir wären quitt gewesen.

Alter Fritz für die Katz

Mein Schäferhund heißt Alter Fritz
Er macht auf mein Kommando Sitz.
Er ist sehr preußisch, sehr devot
und riecht, als wär er lang schon tot.

Dreihundert Hundejahre alt
und immer noch die Nase kalt!
Es geht ihm gut. Ganz ohne Sorgen
verschläft er sich vom Heut ins Morgen

Mein Kätzchen auch. Ganz sans souci
schnurrt sie durchs Leben. Aber nie
käm ihr der Wunsch, sie stünd parat
als erster Diener mir im Staat.

Der Fritz, die alte Doofkartoffel
holt mir am Morgen den Pantoffel.
Wenn ich dann sage: Königlich!
dann macht er mir den Friederich.

Die Katz dagegen wär entehrt!
Sie wirkt beruhigt aufgeklärt
und tut sich mit Gehorsam schwer.
Ich hab sie neu getauft: Voltaire.

Eine kurze Geschichte
der deutschen Sprache

Sie studiert Lehramt und sitzt im Einführungskurs Germanistische Linguistik. Sie schreibt fleißig mit und ab und zu fällt ihre Wasserflasche um. So machen es übrigens alle: Sie schreiben fleißig mit und werfen ihre Evian-Flaschen um. Es ist unmöglich, sich zu konzentrieren, weil alle Schwäbinnen der Reihe nach ihre Wasserflaschen vom Tisch stoßen: Bumm. „Mischt!" Bumm. „Mischt!" Und so fort. – Jetzt meldet sie sich. Sie habe da eine Frage, sagt sie, und kann ihre Wasserflasche gerade noch auffangen. Warum sich denn ausgerechnet aus dem Ostmitteldeutschen, also dem Thüringischen, das Neuhochdeutsche entwickelt habe, das verstehe sie nicht. Warum denn nicht aus dem Bayerischen, weil, immerhin sei Bayern doch das größte Bundesland. – Gottseidank fällt dann wieder eine Flasche um.

Verfall einer Familie

Mein Großvater machte in Eisenwaren, während meine Großmutter eine gut florierende Schrotthandlung betrieb. So ergänzte man sich prächtig. Im ersten Weltkrieg ging die Familie dann freilich bankrott, sämtliches Metall war ja beschlagnahmt und nach Frankreich verschafft worden. Mein Großvater wurde gleich mit nach Frankreich verschafft, woselbst er einen beachtlichen Granatsplitter abbekam. Den brachte er zur Freude meiner Großmutter auch mit nach Hause. Mit dem Metallhandel hatte er jedoch nun nichts mehr am Hut, den er wegen des Granatsplitters gleich gar nicht mehr absetzte. Später dann handelte er glücklos mit Kohlen und Gas. Meine Großmutter wandte sich schließlich von ihm ab, als er dazu übergehen wollte, Gas in offenen Flaschen anzubieten. Offene Weine gingen doch auch, hielt er dagegen. Leider war er ein starker Raucher. Den Granatsplitter fand man und übergab ihn meiner Oma, die ihn aber nicht verkaufte, sondern lange noch in Ehren hielt.

Vierschanzenquark

Wenn grad das alte Jahr erst endet
und zart das neue schon beginnt;
wenn Wintersonne Sportler blendet;
wenn kraftvoll ist der Hangaufwind;

Wenn dünne Kerls wie sonderbar
den Berg hochhasten ohne Nerven
und oben vor der Kamera
beherzt sich in die Tiefe werfen;

Wenn sie von oben runtersausen,
mit einhundertundsoviel Sachen
vollstoff vom Schanzentisch losbrausen
und rauschend in den Himmel krachen;

Wenn Lulatsche wie Bohnenstangen
vollkommen steif am Himmel kleben;
wenn Zuschauer vorm Fernseh bangen,
ob sie am Ende weiterleben;

Wenn Haltung wichtig ist wie Weite
und zähneklappernd Jungens fliegen;
kometengleich um Haaresbreite
so landen, dass sich Bretter biegen;

Wenn Oberstdorf im Schnee verschwindet,
wenn Bischofshofen Sieger segnet,
wenn Innsbruck sonnenvoll erblindet,
wenn es in Garmisch Springer regnet,

Wenn sich Reporter heiser quengeln
von V-Stil und von Telemark;
wenn Jünglinge ins Tal reindengeln,
dann ist Vierschanzen-Telequark.

Reifeprüfung

Der kleine Junge im Supermarkt möchte gerne in das Raumschiff einsteigen. Na gut. Das kostet: 50 Cent, Zeit und Nerven. „Nochmal!" verlangt der Sohn, als das Geruckel geendet hat. Sein Vater weigert sich. „Ich will aber nochmal!" quakt das Kind. Der Vater gibt vor, kein Kleingeld zu haben. „He, Oma, gibst du mir Geld fürs Raumschiff?" wird eine ältere Dame belästigt. Der Vater entschuldigt sich. Er werde jetzt nach Hause gehen, verkündet er, der Sohn könne ja nachkommen. „Okay!" Äh, er, der Vater, werde jetzt heimgehen, nach Hause, weg, fort von hier, werde ihn alleine lassen, ganz alleine. „Is gut. Tschüß." Der Vater geht, verlässt das Geschäft, bleibt draußen stehen, horcht, wartet, raucht, blickt forschend nach drinnen. Nichts. Nur ein kleines buntes Raumschiff, lustig schaukelnd, mit fröhlich krähender Besatzung. „Schau mal Papa, so viel Geld!"

Die Straße runter

Der Chines hat Wasserschaden
Die Boutique macht WSV
Herren tragen weiße Waden
Einer schimpft mit seiner Frau

Ach, da ist das Kind schon wieder
Schreihals außer Rand und Band
Der Erotikshop schaut bieder
Frühling lässt sein blaues Band

Einer will Akkordeon spielen
Zahnschmerzhaft klingt uns sein Lied
Hunde schnuppern an Gespielen
Würstchengrill macht Appetit

Kippen, Dosen, Pommesschalen
Menschenrest, wohin man schaut
Häuser, die in Staub erstrahlen
Alles ordentlich verbaut

Schlecker schließt die Ortsfiliale
C&A ist lang schon zu
Von Herren grüßt das Lichte, Kahle
Wart nur, balde ruhst auch Du

Aus den Rabatten

Die Orchidée ist Teufelwerk.
Sex ist ihr Interesse.
Im Frühling ist sie Bienenmännchens
Saisonalmätresse.

Sie färbt sich ein wie Bienenarsch,
sie lüftet ihre Stempel.
Belügt vollrohr den ganzen Schwarm:
sie sei ein Vögeltempel.

Ihr Duft ist dicker Bienenduft.
Ihr Stengel kerzengrade.
Die Typen sind besinnungslos.
Sie nimmt sie ohne Gnade.

Sie gibt sich hin, sie macht sich frei.
Sie stöhnt unter der Last
der Brummitypen. Die sind viel.
Besringen sie mit Hast.

Schnell drauf und weg. Der Spaß ist kurz
für Orchidée und Bienen.
Beim Abflug schlingern alle Mann
wie sturmreife Ruinen.

Die Typen raffens nicht. Wie immer!
Sie werden ausgenutzt.
Mit Strass und Tand. He, Bienen!
Hört: »Die ist bloß aufgeputzt!

Es ist nur Farbe, die euch lockt,
ins bunte Separée.
Ihr dummen doofen Bienen ihr.
Sie ist bloß: Orchidée!«

Zeichen. Und Wunder?

Heute war ein besonderer Tag. Einmal, weil es nicht regnete, obwohl ich keinen Schirm dabei hatte, als ich das Haus verließ. Zum zweiten, weil in jenem Moment, als ich die dreibeinige Katze sah, die bewegungslos ganz oben auf dem Dachfirst saß, das an den Schnürsenkeln zusammengebundene Paar Turnschuhe, das schon seit Monaten über dem die Straße überspannenden Kabel hing, herabstürzte; mir drittens, da ich wegen der Katze stehengeblieben war, die Schuhe genau vor die Füße und nicht auf den Kopf fielen, mein Blick jedoch auf jenen Zettel glitt, den ich dann aufhob. Viertens, weil auf diesem Zettel nichts weiter stand als: „Danke, dass du mich aufgehoben hast." Fünftens, weil ich zwar immer noch nicht weiß, was das alles zu bedeuten hat, aber nachdem mich den ganzen restlichen Tag über ein unstillbarer Hunger gequält hatte, wusste ich es eben sehr zu schätzen, dass sich in meinem Kühlschrank ein noch essbares Stück Wurst fand. Doch ein richtiges Wunder war auch das nicht. Ich befürchte, dass ich mit Wundern nicht mehr rechnen darf. Wie geht es Ihnen?

Das Tagwerk

Die Zeitung blanchiert und die Socken gestopft,
das Kätzchen gebügelt, den Hund abgetropft.
Mit Viererpasch schnell noch beim Schach aufgetrumpft,
danach ein klein wenig mit Goethe versumpft.

Den Hamster gebohnert, den Grenzstein verrückt,
den Teletubbies die Daumen gedrückt,
die Badelatschen frisch rosa lackiert.
Ansonsten ist heute nichts Großes passiert.

Kein Erdteil erobert. Nur Kleinkram geschafft.
Das Leben gelebt, davon kaum was gerafft.
Das Tagwerk erledigt. Nichts Tolles vollbracht.
Der Tag geht zuende. Tschüss, ciao, gute Nacht.

Ganz neue Sitten

„Mindestens haltbar bis: siehe Eindruck" steht auf der Packung Erdnüsse. Was soll das heißen? Wenn ich mir die verschrumpelten Dinger so ansehe, – die machen nicht den besten Eindruck. Die sehen sogar ziemlich beschissen aus. Darf ich das jetzt also zurückgehen lassen, oder wie?

Warnung

Ein Freund von mir kann sich glücklich schätzen, Vater eines kleinen Mädchens mit ganz besonderen Gaben zu sein. Eines Tages nämlich beschlossen wir drei, einen Spaziergang zu unternehmen. Es war ein wunderschöner Wintermorgen und der des Nachts frisch gefallene Schnee lag noch unberührt auf Weg und Steg. Lustig stapften wir einher, da stieß die Kleine plötzlich ihren Vater in die Seite und rief laut: „Halt!" und deutete auf den Weg vor uns, wo aber nichts zu sehen war, es sei denn unter dem Schnee. Befragt, was sie denn wolle und auf was sie denn deute, antwortete das Mädchen hellsichtig: „Da hätt' beinah jemand hingekotzt!" Und damit hatte sie gewiss auch recht.

In die Pfalz

Brücken strecken sich und fliehen,
ICEs nach Süden ziehen.
Drinnen suche ich das Weite,
leider auf der Sonnenseite.

Tropfen platschen auf die Zeitung,
Funken schlägt die Oberleitung.
Husch, der Zug huscht hitzig schnell.
Nachbar schreibt Geschäftsmodell.

Kind am Fenster: Da, die Flieger!
Dort der Raddampferanlieger!
Hier die Sonne, da der Rhein!
Kanns nicht etwas kühler sein?!

Kann es eben leider nicht.
Land verglüht im Sonnenlicht,
ich verglühe mit und dann
quatscht mich noch der Nachbar an.

Vom Geschäft, von Frau und Kind,
Worte wie ein Wüstenwind.
Trocken staubig seine Rede.
Ich begreife stante pede:

Der geht mir jetzt wohl bis Speyer
ganz gehörig auf die Eier.

Wenn ich erstmal erleuchtet bin

Es beugt sich aller Jünger Fuß
schon morgens mir zum Sonnengruß
und schafft mir Distinktionsgewinn,
wenn ich erstmal erleuchtet bin.

Bin ich erst Swami oder Meister,
gelingt mir alles. Und wie Kleister
kleben die Jünger dann an mir.
Und Jüngerinnen! Quel Plaisir!

Schon morgens wird recht viel gebetet,
danach ein Mandala geknetet.
Dann hört man mich mein Mantra summen,
bis alle Restsynapsen brummen.

Am Mittag kurz ein Geistweltschlaf,
später dann folgt nach Paragraph
drei/sieben vom Erleuchtgesetz
ein bissl Esokram-Geschwätz.

Dann schwebe ich, geh meditieren,
bin transzendent auf allen vieren,
und nachmittags um fünfe schon
hab ich dann frei. Als Mindestlohn

winkt mir Gesellschaft aller Damen
im Ashram – die mit Engelsnamen.
Nicht Dörte und nicht Jaqueline,
Jeanette nicht, nicht Caroline,

nein, um mich rum tragen die Damen
nur allerfeinste Seltsamnamen:
Sie heißen Sutra oder Kama
und sind mir süßes Liebes-Drama.

Auch finanziell: ganz ohne Sorgen
leb ich vom heut ins übermorgen.
Fast täglich mach ich oben drauf
in Genf ein neues Konto auf –

das alte ist schon wieder voll.
Denn das ist ja besonders toll:
Es schenken mir die Jünger das,
was ich so liebe: Geld en masse.

Wer trinkt schon Wasser, wenn er Wein
bekommen kann. Kein Schwein
versteht den ganzen Brahmaquatsch?
Ja und? Was solls? Kladderadatsch!

So toll ist mir das Meisterleben,
es kann kein bessres Leben geben.
Und alles hat dann endlich Sinn
– wenn ich erstmal erleuchtet bin.

Vernünftig

Als mir letztens die alten Wanderstiefel zu Bruch gingen, steckte mir meine Oma gleich 200 Euro zu und erteilte den Befehl, auf der Stelle ein gutes Ladengeschäft aufzusuchen, um dortselbst „vernünftiges Schuhwerk" zu erstehen. Das tat ich und war dann auch recht zufrieden. Eines Abends jedoch wurde ich von Bekannten eingeladen, mit ihnen ein wenig um die Häuser zu ziehen. Als ich mir eben das dritte Bier bestellen wollte, meldeten meine Schuhe Bedenken an: das sei vielleicht nicht sehr klug. Ich vertrüge doch keinen Alkohol. Außerdem sei es schon sehr spät, die Luft hier drin sei zum Schneiden und meine Bekannten sähen auch nicht sehr vertrauenswürdig aus. Ich ließ die Schuhe dann auf dem Klo stehen und verbrachte noch einen lustigen Abend.

Prioritäten

Wissen Sie, was wirklich dekadent ist? Weil ich keinen Führerschein besitze und daher die U-Bahn benutzen muss, weiß ich es erst jetzt. Wirklich dekadent ist es, nach Frankreich in Urlaub zu fahren, und dann in der Bourgogne die Tasche mit der schmutzigen Wäsche in den Straßengraben zu schmeißen, damit der Wein in den Kofferraum passt.

Da draussen

Männer, die mit Pudeln gehen
Frauen, die nach Kleidern sehen
Kinder, die vorüberwehen
Hunde, die um Gnade flehen

Rollis, die lang Kette rauchen
Raucher, die sanft Anschwung brauchen
Menschen, die die Sonne schmauchen
Katzen, die die Welt anfauchen

Jungs, die sich das Bein vertreten
Mädchen, die um Schönheit beten
Kinder, die auf Hopsgeräten
hopsen, in entleerten Städten

Gitter vor den Juwelieren
Omas, die, von alten Tieren
launisch kommandiert, mit ihren
Hackenporsches rumflanieren

Farben, die sich nicht verschonen
Dinge, die sich kaum je lohnen
Häuser, die bei Menschen wohnen
Draußen in Fußgängerzonen

Muntres Treiben, hahaha
Volle Welt, wie wunderbar
Menschenwirrnis, blablabla
Mitten in der Innensta

start-down

In unserer Nachbarschaft hat letztens wieder mal ein neuer Inder aufgemacht. Die Inder kommen und gehen, daher ist die Inderdichte in diesem Stadtteil vergleichsweise niedrig. Zwar isst man auch hier gerne scharf gewürzt, doch tut man dies lieber bei anderen Ethnien. Pech für den Inder. Dabei hat er sich solche Mühe gegeben. Hat tonnenweise Messingkitsch ins Fenster gestellt und seinem Currytempel einen in westlichen Ohren ungemein fernöstlich und poetisch klingenden Namen gegeben. „Palast der Winde" ist aber vielleicht doch eine Spur zu ehrlich. Gut fürs Karma, aber bestimmt schlecht fürs Geschäft.

Gerücht

In manchen Gegenden Niederbayerns, heißt es, sei es oft schier unmöglich den Bauern von seinem Vieh zu unterscheiden. Habitus und Gestus seien identisch. Vielleicht können Sie das bestätigen, vielleicht auch nicht. Weiter heißt es, dies sei auf den Umstand zurückzuführen, dass der Bauer auch heute noch auf seinem ius primae noctis bestehe und dabei keinen Unterschied zwischen Mensch und Vieh mache. Nun ja, wie sollte er auch.

Klassikaner

Letztens in Italien saß ich in einem Straßencafé vis-à-vis einem irgendwie österreichischen Pärchen. Er feist, sie blond, er geschäftlich, sie den Corso rauf und runter in Geschäften unterwegs. Bei einem kurzen Stopp an seinem Tisch für einen Cappo wird sie dann gebrieft: „Madi, bringst ma a Poar Schuh mit, bittä?" Darauf Sie: „In welcha Läng?" Er: „Aanavierzgahoiber. Schwoaz. Klassisch." Sie: „Schwoaz. Klassisch." Er: „Genau." Keine 15 Minuten später hatte er ein neues Paar Schuhe an den Füßen. Schwarz. Klassisch. Nun bin ich unentschlossen: Spricht mein Erlebnis nur für die Qualität der italienischen Schuhe, die ja bezeugt ist, oder nicht vielmehr auch und vor allem für die Qualität der österreichischen Damenwelt?

Bedeutungsspanne

Für den nächsten Urlaub an der Adria bitte merken: paraculo bedeutet laut Onkel Langenscheidt schlicht: Schlauberger. Tante Pons dagegen weiß mehr: paraculo, m (vulg) Analverkehr erhaltende(r) Schwule(r). Deswegen steht auf dem Pons Kompaktwörterbuch Deutsch-Italienisch ja auch deutlich lesbar: Für alle Fälle. Während der Langenscheidt halt doch bloß das Standardwerk ist.

Pelle ist Blutwurst

Warum wollen stets die alten
Herrn mit ihren tattrig kalten
Fingern mir an meinen Pimmel,
lieber guter Gott im Himmel?

Alle gehn mir in die Hose,
haben Religionsphimose,
scheißen was auf meinen Willen,
wollen ihren Glauben stillen,

machen einen großen Tanz,
um den kleinen goldnen Schwanz:
Vorhaut hin, Vorhaut her,
Vorhaut weg – das ist nicht schwer.

»Doch ihr kriegt mich nicht, ihr Greise«,
schwöre ich mir flüsterleise,
während ihr euch mit Narkose
Wege bahnt in meine Hose.

Wartet nur! Denn meine Rache
die wird groß sein. Feine Sache:
Bald schon mit dem langen Messer
holt euch mein Freund Pimmelfresser.

Schneidet euch dann alles ab!
Vorhaut reicht ihm nicht. Ein Happ -
er frisst's auf, mit Stumpf und Stiel.
So geht Religionsgefühl!

Alle eure Paradiese,
Aug um Auge, dieser miese
ganze Dreck, das Heilsversprechen,
dafür werde ich mich rächen.

Und als freier junger Mann,
werd ich wichsen, was ich kann.
Lächelnd und mit Handgeschmeichel
huldige ich nur Sankt Eichel.

Ein Idealist

Der Bierkrügeeinsammler K. litt sehr darunter, dass es für seine Tätigkeit keine ihm geeignet erscheinende Bezeichnung gab. Denn heimlich liebte er seinen Beruf. Er hätte schon lange eine Stelle am Ausschank oder in der Wurstbraterei haben können, doch K. wollte das gar nicht. Er war gerne unter Menschen und liebte den Trubel. Seiner Ansicht nach umfasste seine Tätigkeit sehr viel mehr als das bloße Einsammeln von Bierkrügen. Zuerst einmal mussten diese überhaupt ausfindig gemacht werden. Dann hatte er sie auf seinem Wagen zu verstauen. Er sorgte dafür, dass die Tische und Bänke sauber blieben und ordentlich in den Reihen standen. Er sammelte auch die Essensreste ein, las auf, was zu Boden gefallen war, erteilte Auskünfte und wies den Gästen den Weg zur Toilette. Schließlich brachte er seine Ladung zurück zum Ausschank, sortierte den Müll und begann von neuem. Trotzdem nannte man ihn Bierkrügeeinsammler. Das war ebenso falsch wie sperrig und unschön. Der Schankkellner durfte sich immerhin Kellner nennen, obwohl er nichts weiter tat, als Bier in Krüge zu füllen. Es gab im Biergarten nichts zu kellnern. Aber K. war nicht missgünstig. Er wünschte nur, auch seine Tätigkeit gewürdigt zu sehen. In seiner knapp bemessenen Freizeit verfasste er Gedichte, die vom Willen zum richtigen Ausdruck beseelt waren. Sein direkter Vorgesetzter, der Schankkellner M., ein dumpfer und brutaler Mensch, machte sich stets über diese Neigung K.s lustig. Ebenso taten es alle Kollegen und Stammgäste, die natürlich über

K.s Doppelleben wohlinformiert waren. Da befanden sich einige darunter, die nach K.s Wissen und Meinung keinen geraden Satz sprechen konnten und die schon seit Jahrzehnten alkoholabhängig waren. Wenn K. sich in die Nähe dieser Leute begab oder wenn sich dann der Schankkellner M. zu ihnen gesellte, was er jeden Abend tat, sobald der Betrieb es zuließ, dann kam sofort und unweigerlich die Rede auf K. Hilfsdepp nannte ihn einer, ein anderer rief ihn Noagerlmörder, ein dritter Essen-auf-Rädern. Der Schankkellner M. taufte ihn Wurschtzipfibestatter, ein selten dummer Name. Einer betitelte ihn Botschamperlchauffeur, ein anderer meinte, er sei der Nachkoster, was natürlich überhaupt nicht der Wahrheit entsprach. So ging es alle Tage und immer fiel diesen Männern ein neuer Schimpfname ein. Dabei war es nicht die Gemeinheit, die K. erzürnte, sondern die Leichtigkeit, mit der die Männer ihm diese Namen zuteilten. Als bräuchten sie nur aus der Luft gegriffen zu werden.

Da, das Meer!

Da, das Meer! Hiphiphurra!
Lange Fahrt. Jetzt sind wir da.
Bunte Fahnen. Menschen. Glück.
Nur gradaus. Kein Blick zurück.

Weiße Möwen. Kühler Sand.
Warme Steine. Langer Strand.
Buntes Handtuch. Tasche schwer.
Wind in Haaren. Kopf wird leer.

Wasser trinken. Sonnencrem.
Warmer Rücken. Schön bequem.
Leichte Küsse. Zungenschlag.
Sonnenbrille. Was ein Tag!

Strahleaugen. Himmel leer.
Blaue Tiefe. Wellen quer.
Meine Füße! Deine auch:
Rote Flecken! Sand am Bauch.

Sand in Zähnen. Ach herrjeh!
Brand auf Füßen. Auaweh!
Kalte Cola. Fritten. Ja!
Weiche Birne. Wumbaba!

Quallenleiche. Jahre alt.
Fuß im Wasser. Brrr, wie kalt!
Muscheln sammeln. Buntes Glück.
Seetang glitzert. Jetzt zurück.

Tschüßchen, Wasser. Good bye, Meer.
Ciao, bleib sauber! Abschied schwer.
Ab zum Auto. Cheerio!
Neben Dir: Ich bin so froh.

Roll over Beethoven

In meiner frühen Jugend entdeckte ich, dass Musik nicht nur aus dem Radio kommt, sondern manchmal auch aus dem eigenen Kopf. Nur, wohin damit? Da mir die Technik der Notation unbekannt war, nutzte ich das mir neue Medium der Schrift, um so meine Melodien für die Nachwelt zu bewahren. Kurze Zeit später mopste ich das Diktaphon meiner Mutter und es kam zum Medienwechsel. Die so entstandenen, höchst peinlichen Aufnahmen gesummten oder gar gepfiffenen Liedguts habe ich aber leider schon vor Jahren im Klo entsorgt. Neulich jedoch fielen mir die frühesten Zeugnisse meines kompositorischen Schaffens wieder in die Hände und seither rätsele ich über seitenlangen kryptischen Anweisungen wie zum Beispiel: „Da da damdamdamm, di di da dumm (zweimal), dumm di da di, da da" usw.

Was soll das?

In meinem Feindeskreis, hab ich mir sagen lassen, erzählt man sich neuerdings, ich sei eigentlich gar kein so übler Kerl und man könne mit mir ganz gut auskommen. Also, wer solche Feinde hat, der braucht wirklich keine Freunde mehr, oder?

Edward Snowdens härtester Job

Ich musste das ja täglich lesen! Das tat weh!
Es schmerzte tief mich dieser geistesleere Wichs.
Schlaf übermannte mich in Nullkommaundnix.
Mein Hirn war schon nach Stunden weicher als Püree.

Am allerschlimmsten war der Schachtelsätze-Mix,
brutal und langweilig und ohne jeden Dreh.
Ich überwachte zwar ganz brav, wie eh und je,
doch war mir dauerschlecht – da halfen keine Tricks.

Ich fühlte mich verlor'n wie auf der Odyssee
und nutzte dann sofort die Gunst des Augenblicks.
Ich hielt es einfach nicht mehr aus. Ja, ich gesteh,

nach all den Jahren war ich fertig und auch fix.
Das war der allerschlimmste Job der NSA:
der Mailaccount von kanzlerin@gmx

Am liebsten

Man kann ja nicht alle Menschen gleichermaßen hassen. Dafür sind die meisten dann doch zu harmlos. Einige sind sogar ganz nett. Am liebsten sind mir daher die alten Weiber, welche mitten auf dem Radweg gemächlich dahinwatschelnd sofort und immer stehenbleiben, wenn man sie mit Klingelzeichen dazu auffordert, sich bitte ganz schnell zu verpissen. Die hasse ich immer noch am liebsten.

Wider die unnatürliche Ordnung der Dinge

Das Schöne am Hugendubel ist ja, dass man die Bücher bloß aus dem Regal nehmen muss. Dann kann man damit machen, was man will. Man kann sie durch das ganze Haus tragen und einfach irgendwo dazustellen, wo sie vielleicht nicht so auffallen und niemanden belästigen. Heute habe ich mich mal um das Lyrik-Regal gekümmert. Macht ja sonst keiner. Grünbein zum Beispiel stand da direkt neben Peter Hacks und Biermann wanzte sich frech an F.W. Bernstein ran. Das muss doch nicht sein. Beide sind nun gut untergebracht. Wenn auch Sie ab und zu mal nach dem rechten sehen könnten, das wäre nett.

Amsel, Drossel, Fink, Katarrh

Ich hier drinnen. Ihr da draußen.
Seid Ihr nicht in Afrika?
Sitzt Ihr jetzt nicht bei den Straußen?
Wieso seid Ihr wieder da?

Lässig lungern Drossel, Amsel,
Fink und Star im kalten Schnee,
Schnabel voller Wurmgebamsel,
grinsen seltsam. Das tut weh.

Ich erkältet, schlotterhosig
dampfend nach Erkältungsbad.
Ihr putzmunter, frisch und rosig
hopsend, trippelnd, im Ornat.

Meine Nase rotzekrustig,
Eure Freude widerlich.
Sagt, macht Ihr Euch etwa lustig?
Lacht Ihr etwa über mich?

Ist schon klar: Ihr pfeift aufs Wetter.
Piepegal sind Schnee und Eis.
Ihr braucht keinen Kräuterretter,
seid gesund und naseweis.

Nein, aus mir spricht nicht der Neid,
denkt Ihr auch: Der kranke Blödel!
Während Ihr die Coolsten seid,
vergift ich schniefend Meisenknödel.

Guter Vorsatz

Bisher habe ich so gut wie jeden Tag durchgemacht und nur nachts geschlafen, damit ist jetzt endgültig Schluss.

Verbesserungsvorschlag

Neulich in der U-Bahn erklärte mir ein alter Mann seine Sicht der Dinge, während sein Boxer-Mischling mich aus wässrigen Augen dumpf anstarrte und mir dabei auf Hose und Schuhe sabberte: „Gott hat falsch gemacht. Warum Hund nix sprechen? Wenn Hund sprechen, dann Mensche noch mehr schlauer." Mag sein, aber wenn Hund nix sabbern, dann Menschen viel besser gelaunt.

Alles Lüge

Ich glaube nicht an Arbeitslose. Das will uns die Sozialdemokratie einreden, um von wichtigeren Dingen abzulenken, z.B. von den Außerirdischen, die nachts in mein Badezimmer einbrechen, um mir auf die Zahnbürste zu spucken.

Als es einmal schön war

Einmal, das ist noch gar nicht so lange her, da war es wirklich schön. Auch vorher war es schon ein bisschen schön, aber noch nicht so schön wie nachher. Später war es dann wirklich schön. Und danach war es dann auch noch ein bisschen schön. Nicht mehr so schön wie davor, aber schon noch ein bisschen. Dazwischen war es wirklich schön. Vorher, als es schon ein bisschen schön war, da habe ich noch gedacht: das bleibt nicht so. Aber dann ist es richtig schön geworden. Da habe ich dann gedacht: ob das jetzt so schön bleibt? Nachher dann, als es schon nicht mehr so schön war, da war es dann schon klar, dass es nicht ewig so schön bleiben kann. Es ist ja dann auch wirklich wieder nicht so schön geworden. Aber eine Zeitlang war es wirklich schön. Das ist noch gar nicht so lange her.

Alles auf Anfang

Am Anfang schuf Gott Himmel und Erde

Und die Erde war wüst und leer, und es war finster auf der Tiefe; und der Geist Gottes schwebte auf dem Wasser

Und Gott sprach: Es werde Licht!

Und es ward

*Und Gott sah, dass das Licht gut war.
Dann ging Gott erst einmal zur*

und saugte ein bisschen. Das brauchte er ab und zu, um wieder runter zu kommen nach einem harten Tag.

Am nächsten Morgen stand er früh auf und machte sich sofort an die Arbeit:

Als erstes schuf er die fünf Kontinente

*und weil ihm gerade danach war,
schuf er auch ein paar schwarze
hochhackige Damenschuhe Größe 47,*

*obwohl er nicht die geringste Ahnung hatte
wozu die gut sein könnten.*

Danach schuf Gott die Meere und setzte darein

die seltsamsten Kreaturen.

*Zufrieden und erregt
hastete er gegen Abend zur*

und saugte wieder ein wenig und schlief ein.

Und ihm träumte,

ein großes weißes Kaninchen

käme und bäte darum, er möge doch ein wenig Gras und Kraut aufgehen lassen.
Das tat er dann auch sofort, und zudem schuf er einen Blumentrog und eine Bank,

die er daneben stellte, weil er fand, dass das hübsch aussah.

(Die Bank war natürlich sehr sehr groß, viel größer als die Bank auf dem Bild. Diese Abbildung ist nur ähnlich, damit Sie sich ungefähr vorstellen können, wovon ich spreche.)

Gott aber erwachte, selig lächelnd wie eine

glückliche Bratkartoffel.

*Nach dem Frühstück
sah er sich an, was er vollbracht*

*und sagte: Es ist nicht gut!
Irgendwas fehlt. Aber was?
Dies oder das? Oder jenes?*

*Gott hatte ohne Absicht die Alternative
geschaffen, und vor der stand er jetzt herum
wie ein Depp.*

*Chiemsee oder Friedhof?
Vor dieser Frage stehen auch wir seitdem
und wissen keine Antwort.*

*Die meisten entscheiden sich dafür,
wieder ins Bett zu gehen
und sich nicht zu entscheiden.*

*Auch Gott ging wieder hinein,
wofür er aber erst einmal das Haus machen
musste.*

Das Haus wusste nicht, wie ihm geschah und schaute darum recht überrascht aus der Wäsche, was ein rechter Blödsinn ist, weil es noch völlig nackt war.
Doch es schämte sich nicht!

Gott aber machte einen Spatz

So groß wie ein Auto. Weil es ihm so gefiel.

Danach schuf er in einem Aufwasch

den Ojeminee

den Bartschmatz

und Darth Vader.

Jeden nach seiner Art.

Das versöhnte ihn und so eilte er erregt zu seiner

und saugte ein wenig daran.
Dann fiel Gott in einen tiefen Schlaf.
Und ihm träumte, er sei ein Star,

doch niemand käme, ihn zu sehen.
Nicht einmal die kleine Ente wollte bleiben.

Da erwachte er und beschloss, die Ente gar
nicht erst zu erschaffen.Hahaaa! Ausgeschmiert.

Stattdessen schuf er den Tod.

Aber weil der so hohl glotzte,

stellte Gott ihn erstmal beiseite.
Oben auf den Schrank neben den Esel,
der sich über die unerwartete Gesellschaft freute.
Danach aber machte er
Marx, Engels und Mao Tse Tung

Und Gott segnete sie und sprach:
Seid fruchtbar und mehret Euch
Und erfüllet das Wasser im Meer
Und … Nein, das nahm er gleich wieder zurück!

Und eilte zu seiner

und Sie wissen schon.
Da ward aus Abend und Morgen der fünfte Tag.
Gott aber erwachte mit sooo einem Schädel.
Er hatte es am Vorabend wohl ein wenig übertrieben mit dem Saugen.

Er sah sich an, was er vollbracht
und erschrak sehr.

Und er rief: Um Himmels Willen!

Und der Himmel wurde rot.

*Er war nämlich sehr schüchtern
und mochte es nicht, wenn man von ihm sprach.*

*Doch Gott rief: Die Erde bringe hervor
lebendiges Getier, ein jedes nach seiner Art.*

Und so machte die Erde einen Flügel

Ohne Vogel dran,

und einen mumifizierten Frosch machte sie

und kleine Bärchen machte sie,

die man zum Aperitif knabbern kann,

und ein paar Hunde,

um die Grünflächen damit zu füllen,
und kleine tapsige Kätzchen machte sie,

damit das Internet voll wird
und die Leute was zu lachen haben

*und … Moment, was für Leute
fragte sich Gott.*

Richtig! Da fehlen noch die Leute!

*Und Gott sprach: Lasset uns Menschen machen,
ein Bild, das uns gleich sei,
die da herrschen über die Vögel im Meer
und über die Fische unter dem Himmel.*

Und Gott schuf den Menschen zu seinem Bilde.

*Äh … Der Mensch aber war recht dumm
und rannte sofort gegen irgendwas
und brach sich die rechte Hand ab
und die linke sogleich und dann
den ganzen Kopf.*

Hm. Da machte Gott einen neuen Menschen. Doch auch der war nicht recht gescheit und verlor das Gesicht.

Nun war Gott schon ziemlich sauer.

*Aber dennoch machte er einen dritten Versuch
Und pappte dem Menschen hinten ein paar
Flügel an,*

*von denen die Erde in einem fort und völlig
sinnlos Dutzende erschuf.*

*Doch war auch dieser Flügelmensch
kein großes Licht und flog stracks gegen eine
Mauer und verlor darüber ebenfalls den Kopf.*

Jetzt hatte Gott die Faxen aber dicke.

Und darum schuf er das Rind

Und sprach zu ihm: Sei du die Krone der Schöpfung, sei fruchtbar und mehre dich,

und er gab ihm zur Sicherheit einen dicken Schädel und vier Füße, denn er hatte aus dem Malheur mit dem Menschen gelernt.

So, und jetzt ist aber Feierabend, rief Gott! Und so eilte er zu seiner

und Sie wissen schon,

und dann begab er sich zur wohlverdienten

*Was aber danach geschah,
ist nicht der Rede wert.*

Schatten von Grau

Die gute Nachricht gleich vorweg:
Deutschlands Damen lesen wieder.
Doch nur ein einzges Buch – oh Schreck!
Und das fährt ganz schön in die Glieder.

Wohin ich dieser Tage schaue:
Frauen fordern wieder Fesseln.
Und alle wollen Popohaue.
Sie lesen: Sex muss richtig kesseln.

Hausfraun, die sonst nie genießen,
erklimmen untertänigst Hügel
serviler Leidenschaft, zerfließen
im Bett nach einer Mordstracht Prügel.

Schon raunen die Emanzen: „Hey!
Das ist Sexisten-Tyrannei!"
Doch Frauen lieben „Shades of Grey",
Teil 1, und bald auch 2 und 3.

Das Weib von heute fleht um Keile.
Es spricht: „Glaub nicht, dass ich dich poppe
ganz ohne Handschelln. Langeweile
vertreibst du mir mit Vorspiel-Kloppe

auf dem Klavier und in der Wanne.
Und ist der Schmerz auch noch so klein,
devot sein will ich, volle Kanne!
Hier bin ich Frau, hier darf ich's sein."

Sie lässt nur jemand an die Wäsche,
der Bondage mag und Knotenschnüre.
Sie wünscht sich geile Peitschendresche
so wie in ihrer Sex-Lektüre.

Den Männern wird das aufgezwungen.
Wie immer – sie solln Herren sein!
„Tja!" seufzt da mancher notgedrungen
und langt der Gattin eine rein.

So tragen Damen als Bijou
mit Stolz die neuen Liebesspuren:
am Auge ‚Shades of Purpleblue'.
Das ist die Macht der Litraturen!

Ein unbequemer Idylliker

Mein Onkel Franz wird demnächst 80 Jahre alt und weil er die meiste Zeit davon im Wirtshaus verbracht hat, mit einer Unterbrechung von sechs Jahren, die er woanders verbracht hat und einer Woche, die er ganz woanders verbracht hat, glaubt er behaupten zu können, dass das Bier in seiner Wirkung verlässlicher sei als jeder Mensch, ihn selbst eingeschlossen. Mit dieser Ansicht habe er sich auf der Welt aber keine Freunde gemacht und bleibe daher beim Bier.

Sophistereien

Einmal ließ ich mich überreden, einige Freunde und Bekannte in ein extrem sushiges Szenelokal zu begleiten. Das Erste, das ich dort vernahm, war vom Nebentisch die Ankündigung einer jungen Frau mit korrekt gescheiteltem heitmannbraunem Haar, sie werde nach Beendigung der Mahlzeit erst ein bisschen shoppen und dann einkaufen gehen. Ihr Begleiter nickte dies eifrig ab, erwiderte jedoch, sie dürfe keinesfalls vergessen, anschließend noch bei Tengelmann frische Milch zu besorgen.

Was für Zeiten!

Neulich im Radio wurde ein ehemaliger Bundespräsident um Aufklärung gebeten darüber, wie man es anstelle, auch mit 85 Jahren noch so rüstig zu sein. Der alte Herr entgegnete darauf irgendetwas Belangloses, eine fromme Lüge, die mir aber sogleich wieder entfiel. Ich vermute, die Wahrheit, nämlich niemals Hunger gehabt und immer auf der richtigen Seite gestanden zu haben, darf man dem plebs noch nicht zumuten.

Österreicher sucht Anschluss

In einem Café, ein Mann, Zeitung lesend. Unvermittelt legt er diese beiseite und wendet sich an die Dame am Nebentisch: „Hören Sie? Bitte! Wären Sie so lieb, hätten S' aan Moment Zeit für mich? Sie sind doch Deutsche, net wahr? Ahh, Sie sind von hier, ja das trifft sich hervorragend. Sagen S', Sie wissen net vielleicht a Kaffeehaus, wo ich Sie nachher auf eine Tass Kaffee einladen derf? Die Dame: „Das hier ist ein Café." Darauf er: „Na wunderbar, dann bleiben wir doch gleich da, net wahr? Sie gestatten." Und schon saß er bei ihr am Schoß. Naja, fast.

Angekommen

Freunde werden langsam älter.
Und am Tisch, man ahnt es schon,
werden die Gespräche kälter.
Nicht mehr geht's um Mindestlohn,

nicht um Solidaritäten,
nicht um die Gerechtigkeit,
nicht um Abgeordnetendiäten,
nicht um Klassenkampf und Streit.

Nein, es dreht sich mehr um Sachen
wie die Yogastunde, Kerzen,
darum, was die Kinder machen,
dass der Werner was am Herzen,

dass die Küche von IKEA,
das die Hochzeit schön gewesen,
dass der Rolf ein Fraunversteher,
dass wir Sadomaso lesen.

Werner spielt jetzt Saxophon?
Zweimal Urlaub muss schon sein!
Und Tatjana, weißt Du schon?
Ja, ich weiß. Will noch wer Wein?

Altmaier ist Junggeselle?
Ist nicht wahr! Definitv!
Gibt's noch was von der Forelle?
Jemand Kaffee? Digestiv?

Lange dauert diese Runde.
Allzuschön ist, was uns hält.
Und noch in der letzten Stunde
wärmen wir uns an der Welt.

Possierlichkeit und Biedermeier,
hoppsa he! – da sind sie ja.
Lang vergessnes Rumgeeier
um Banales – wunnerbar.

It's a mens world

Einmal hab ich beim Kaufhof als Aushilfe gearbeitet. Zuerst durfte ich in der Haushaltswarenabteilung mit Töpfen und Tellern klappern und wurde dazu angehalten, den Eindruck zu vermeiden, ich wisse nicht, wovon ich spreche, was mir aber misslang. Darum musste ich in der Damenmode die Wühltische mit Leibwäsche auffüllen. Meine Kolleginnen standen kurz vor der Rente und meistens untätig in der Gegend herum. Dafür wussten sie eine Menge erstaunlicher Dinge über Juden und Neger zu erzählen. Vielleicht lag es an meiner, zugegeben, schon damals nicht sehr virilen Ausstrahlung, aber weiß der Teufel weshalb man mich schließlich in die Bademodenabteilung schickte, wo ich dicken Damen beim Kauf einer neuen Verpackung behilflich sein sollte. Meine Begeisterung hielt sich in Grenzen und meine Abteilungsleiterin hielt mich daher, nicht ganz zu Unrecht, für ein faules Stück. Also tat ich den ersten Schritt und bat die Personalchefin um abermalige Versetzung, möglichst in eine Abteilung, die meinem Geschlecht und meinen Interessen mehr entsprach: Musik, Bücher, Mädchen. Meinetwegen auch Herrenabteilung. „Tut mir leid", log sie mir ins Gesicht, „ist alles voll. Aber sobald in der Herren-Welt ein Platz frei wird ..."
– Müßig zu betonen, dass natürlich keiner frei wurde; heute weiß ich es, mein Platz ist nicht in der Herren-Welt, aber: meine Damen, auch nicht unter Euch! Bitte merkt Euch das.

Street Photography 01

Sie gleitet durch die Stadt mit leisem Ticken.
Ihr Lachen schneidet scharf wie ein Florett.
Sie schwirrt herum mit Hand, Gesicht und Blicken –
ein wunderschönes Mädchen mit Tourette.

Sie geht zusammen mit fünf andren Mädchen.
Ein Shoppingnachmittag von A bis Zett.
Sie hampelt sich durch Shops und kleine Lädchen –
ein wunderschönes Mädchen mit Tourette.

Sie geht nicht gradeaus, sie geht in Schleifen.
Die Arme zucken manchmal im Duett.
Die Welt ist dazu da, sie zu umgreifen –
ein wunderschönes Mädchen mit Tourette.

Ich bleibe stehn mit offnem Mund und staune.
Erwische mich beim Denken: Lazarett.
Sie geht an mir vorbei mit guter Laune –
das wunderschöne Mädchen mit Tourette.

Historischer Irrtum

Neulich war ich zu Gast in einem Kurort im Oberbayrischen und stellte erstaunt fest, dass man neben hochdeutschen und englischen nun auch eine Vielzahl kyrillischer Wegweiser und Hinweistafeln sieht. Jahrzehntelang fürchtete man ihn wie sonst nur den Gottseibeiuns und jetzt ist er doch tatsächlich da, der Russe. Und was tut der Iwan? Den ganzen Tag liegt er faul in seinem Liegestuhl und wünscht sich nichts, als tagsüber ein bissl zu baden und abends sein Geld ins Casino tragen zu dürfen. Da hätte man sich den kalten Krieg komplett sparen können.

Verbesserungsvorschlag

In der U-Bahn-Station: modernste Beamer-Technologie hält uns auf dem Laufenden: „200 Tote in Belutschistan, die neue Brigitte ist da, Achtung! U-Bahn fährt ein." Nun verkündet ein solches Gerät seit einigen Tagen zusätzlich und stoisch: „Das Ende der Lampenlebensdauer ist erreicht." So was hätte ich bitte auch gerne, wenn es dann mal so weit sein sollte; sagen wir: ca. drei Tage vorher, dann bliebe noch Zeit, ein bisschen sauber zu machen, die Flaschen zum Container zu bringen, – einfach anständig abzutreten.

Aufklärung

Der Papst hat ja letztens mitgeteilt, sein Vorgänger habe seine Kraft aus dem Kreuz geschöpft. Dann muss das wohl ein Hohlkreuz gewesen sein. Man lernt nie aus.

O tempora

Einige noch bis vor kurzem genutzte Gebäude der hiesigen Universität stammen aus den wilden 1970er Jahren. Äußerlich zwischen unscheinbar und potthässlich changierend, stellen sie doch ein Stück Architekturgeschichte dar, denn seinerzeit mussten Universitätsgebäude so gebaut werden, dass man auf den Gängen nicht rennen und keine Molotow-Cocktails werfen konnte. Also wurden so viele Treppen und Ecken wie möglich eingeplant, was den Eindruck hervorruft, M.C. Escher sei der verantwortliche Architekt gewesen. Manche älteren Semester schwärmen, ein langer Spaziergang durch ihr Institut sei besser gekommen als das beste Gras. Mag sein. Modernere Universitäten sehen dagegen aus wie Versicherungskonzerne und das sind sie ja im Grunde auch.

Zum Jahreswechsel:
Blick zurück nach vorn

Hört mich an, Ihr Menschenbrüder.
Das alte Jahr wird immer müder,
das neue ist schon fast zu sehn.
Zeit, sich noch mal umzudrehn,

in des Jahres Abendrot,
und zwar schneller als Frau Lot.
Kurzer Schulterblick zurück:
Wo war Schaden, wo war Glück?

Hab nen Apfelbaum gepflanzt,
Tante Hildes Grab betanzt,
dreizehn Kinder nicht gezeugt,
manchen Endreim hingebeugt.

Viel gesehn, die Welt bereist,
einen Tintenfisch verspeist.
Ozelot und Hammerhai
waren, glaub ich, auch dabei.

Literarisch mich erweitert,
am Ulysses knapp gescheitert.
Allem Neuen gab ich Raum,
nichts kapiert von Zettel's Traum.

Viermal Rauchen abgewöhnt.
Unter Lust und Last gestöhnt.
Schäferstündchen knapp versäumt.
Nachbarn Schnee vors Haus geräumt.

Tacheles und Quatsch geredet.
Gutes Leben nachgeschwedet.
Unerhebliches war wichtig –
gibt ja eh im Falsch kein Richtig.

In der Zeit zwischen den Jahren,
wenn die Blicke rückwärts fahren,
weiß ich nie ganz, wo ich bin –
am Ende oder Neubeginn?

Und so wohnt in diesem Sinne
jedem Schluss ein Zauber inne.

Echt spritzig,

Weihenstephaner Weißbier, bist nicht nur Du, sondern ohne Zweifel auch die Christine Neubauer, welche uns von deinen Plakaten herab ihre Brüste darbietet. Sollte nun wahr sein, was da haarscharf über den mächtigen Duttln hingeschrieben steht: „Ursprung des Bieres" nämlich, dann bitten wir ganz dringend um einen Termin zur Verkostung. Wir zapfen auch gerne selbst! Will weg von der Flasche: Titanic

Ein Stürmer,
lieber Fritz von Thurn und Taxis,

ist von den Fußballern derjenige, der ganz vorne mittut, da wo das Runde ins Eckige rein soll. Der Herr Klose mit dem undeutschen Vornamen, der ist so einer. Ein Sturmführer, wie Sie ihn genannt haben, ist er jedoch nicht, auch kein Sturmbannführer oder gar ein Obersturmbannführer, weil einer mit solch einem undeutschem Vornamen es in Deutschland nun mal allerhöchstens zum Stürmer bringen kann, aber sicher nicht zum Führer. Schon vergessen?
Mit undeutschem Gruß, Titanic

National, Georg Baselitz,

sei eigentlich nicht schlecht, sagen Sie im Interview mit der Süddeutschen Zeitung, aber eine nationale Partei sei „verboten, weil sie immer rechts angesiedelt wird. Dabei hat sich die Definition von rechts und links total verschoben. Hitlers Partei war eine linke, keine rechte! Das will keiner mehr wahrhaben. Diese Verwischung hatte so aberwitzige Folgen, dass wir eigentlich gar nicht mehr wissen, worüber wir sprechen." Das glauben wir Ihnen aufs Wort, zumal Sie ja schon in jungen Jahren auch oben und unten nicht auseinanderhalten konnten. Ob es aber stimmt, dass der Begriff ‚national' „auch von den Nazis missbraucht" wurde? Scheißegal: „Ich achte mehr und mehr darauf, dass nichts hereinkommt in den Kopf von all den Einflüssen und Einflüsterungen, den Doktrinen, von all dem Dreck, von dem man meint, er wäre der Draht zur Welt." Das ist doch mal ein guter Vorsatz, wenn Sie nun noch so freundlich wären und darauf achteten, dass auch nichts herauskommt aus dem Kopf, dann wäre Ihnen tausend Jahre dankbar: Titanic

Wunderbar

Schatz, das muss ich dir noch sagen:
Mich muss man zum Küssen tragen.
Bin ich aber erstmal da,
küsse ich ganz wunderbar.

Küsste vor dir schon die Ute
und auch Veras Zuckerschnute.
Küsste hier und küsste da,
küsste stets ganz wunderbar.

Meine Zunge ist der Hammer,
ist ein Sensationsentflammer.
Sagt jedenfalls Barbara,
die ich küsste wunderbar.

Ähnliches spricht auch Annette
und das Fräulein, das im Bette
damals mit Malaria …
Ach, ich küsste wunderbar!

Könnte dir noch viel erzählen
von verträumten Kuss-Chorälen.
Küsse wie Ambrosia –
alle fanden's wunderbar.

Was, du willst mich nicht mehr küssen?
Willst du wirklich das vermissen?
Sind dir denn die Folgen klar?
Ja? Na klasse. Wunderbar!

Sicherer Nebenverdienst!

Sie sind mobil, flexibel und teamfreudig? Dann ist meine SERIÖSE GESCHÄFTSIDEE eher nichts für Sie. Allen jedoch, die es vorziehen, ihre Kohle zuhause zu verdienen ohne sich dabei ein Bein auszureißen, rate ich: bringen Sie etwas Wasser zum Sieden und schütten Sie es sich über die Hände bis die Haut Blasen wirft, fügen Sie sich an den Handflächen tiefe Schnittwunden zu, fordern Sie den Weltmeister im Fingerhakeln heraus oder wählen Sie eine andere Ihnen angenehme Art der Verstümmelung. Entscheidend ist, dass der Genesungsprozess möglichst lange dauert, denn nur so können Sie auch über einen großen Zeitraum hinweg KLINISCH NACHWEISBAR aus Ihren HEILENDEN HÄNDEN Kapital schlagen bis die Funken fliegen!

Beweis

Wenn man jede sprachliche Äußerung, die man während des Spazierengehens aufschnappt, hinter- oder auch untereinander auf ein Blatt Papier schreibt, ergibt sich wie erwartet kompletter Unsinn.

Was Singles gegen die Einsamkeit tun können

In der Kneipe einfach immer zwei Biere bestellen und getrennt zahlen.

Worüber Sanitäter lachen

Bei der Rettung, so habe ich mir sagen lassen, gibt es eine Art Code, dessen sich die Sanis bedienen wenn sie ihren Kollegen über Funk eine Neuigkeit mitteilen wollen. Es lassen sich angeblich sogar verschiedene Dialekte unterscheiden, je nachdem ob einer beim Roten Kreuz oder bei den Maltesern oder woanders fährt. So heiße es bei den Rotkreuzlern nicht Arzt sondern „Druide", bei den Johannitern aber „höheres Wesen". Ein Herzinfarkt ist entweder ein „Tennisarm" oder ein „Herz-As", während ein epileptischer Anfall wieder von allen übereinstimmend als „Dirty Dancing" bezeichnet wird.

Familienaufstellung

Die Tragik ist die Tochter des Verbrechens
Der Schlaf ist Bruder von Gevatter Tod
Das Phlegma ist der Schwager des Versprechens
Erlaubnis ist die Tante vom Verbot

Die Nichten aller Feste sind die Sausen
Die Mütter aller Schlachten sind der Krieg
Die Onkel aller Duschen heißen Brausen
Die Vettern aller Niederlagen Sieg

Zum Ururenkel hat der Spaß die Komik
Zum Großcousin hat jeder Knall den Schuss
Zum Paps hat der Cartoon die Physiognomik
Zur Oma jeder Text auch einen Schluss

rechts oben

Mein Freund Frank hat mir erzählt, dass man egal wo, immer oben rechts zuerst hinschaue, das habe man herausgefunden. Im Grunde schaue man sogar nur rechts oben hin und den Rest bilde man sich ein. Alles außer rechts oben existiere nur in unserer Vorstellung. Das habe man noch nicht herausgefunden, aber wenn er Leute beim Anschauen seiner Bilder beobachte, dann habe er das Gefühl, dass es nicht mehr lange dauern werde, bis man das auch noch herausfinde. Er habe im Übereifer schon mal einige Bilder gemalt, bei denen er alles außer rechts oben weggelassen habe, aber inzwischen zweifle er, ob das klug war. Schließlich könne auch er nicht genau sagen wo oben rechts aufhöre und unten links anfange. Folglich könne man vom Übriggebliebenen wiederum alles bis auf rechts oben weglassen. Am Ende werde sich herausstellen, dass es rechts oben in dem Sinne gar nicht gebe und man sich alles bis auf den einen letzten Punkt am äußersten Rand ganz rechts oben einbilde. Dann könne er sich die ganze Malerei im Grunde sparen. Da das aber auch fad wäre, male er eben weiter wie bisher.

Wunderheilung

Nachdem ich neulich eine Spam-Mail bekam, dessen Absender sich „Jesus Price" nannte und mir schon im Betreff den guten Rat gab: „Check your health", da war ich augenblicklich von jeder Neugier geheilt.

Die Verdauung, Rainer Langhans,

ist in Ordnung? Farbe des Stuhls, Geruch, Konsistenz und Geschmack okay? Und der Appetit? Wir fragen nur deshalb, weil Sie vor kurzem meinten, darauf hinweisen zu müssen, „dass die Revolution nicht draußen auf der Straße zu machen ist, sondern in uns drinnen stattfindet. Die Dritte Welt ist in uns, und sie ist zuallererst in dem Teil unterentwickelt, den wir Frauen nennen." Welches Ihrer inzwischen recht welken Teile Sie so nennen, behalten Sie bitte für sich, aber abgesehen von ihrem reichlich unterentwickelten Frauenbild, ist es nicht erstaunlich, dass ein Erzversager und Großopportunist wie Sie, der nicht einem einzigen Menschen zu seinem Recht verholfen hat, immer noch genau zu wissen glaubt, wo es lang geht? Nein? Da liegen Sie ausnahmsweise richtig. Ohne Gruß,

Titanic

Selbstanzeige

Schatz, die Beichte fällt mir schwer.
jahrelang hab ich gelogen.
Du, ich habe dich betrogen:
Ich hatte Kapitalverkehr!

Ich hab es mit der Schweiz getrieben,
ich steckte tief in Luxemburg.
Auch in Vaduzens Bankenburg
bin ich oft über Nacht geblieben.

Wenn du im Morgengrau noch gähntest,
bin zu den Caymans ich geschwommen.
Ich bin in Banktresorn gekommen,
wenn du mich auf der Arbeit wähntest.

Betrug dich steuerfrei in Laken
voll Aktien und Staatsoptionen.
Begehrte Steuerniedrigzonen
und schnackselte mit Schwarzgeldkraken.

Ich mopste mir die Birne weich
mit Zypern, und mit Panama.
Ich bin nicht stolz drauf, was geschah:
Ich tats sogar mit Österreich.

Glaub mir, es war nur Steuerflucht.
Mir dir hatte das nichts zu tun.
Es war wie ein Hormontaifun:
Es war die Fuck-your-money-Sucht.

Doch jetzt ist Schluss. Und völlig offen
leg ich dir meine Sünden dar.
Jetzt weißt du, wer ich wirklich war.
Sag, darf ich auf Vergebung hoffen?

Wenn ich dir dies Geständnis sage,
wirst du mir dann nochmal verzeihn?
Echt!? Wirklich? Du bist wieder mein?
Wie schön! Nur schnell noch eine Frage:

Sag, kannst du mir 'nen Fuffi leihn?

Sprichwort, auf seine Alltagstauglichkeit überprüft

Wer anderen eine Grube gräbt, der fällt gar nicht selbst hinein, sondern sitzt nebenan im Bauwagen, trinkt ein Bier und hat „bloß vergessen", ein Umleitungsschild aufzustellen.

Non scholae ...

H. ging neulich dann doch zum Urologen, weil er gehört hatte, man könne die Prostatavorsorgeuntersuchung auch per Bluttest erledigen. Der Arzt meinte: Ja, Bluttest, schon, aber er würde dennoch „eher zur digitalen Untersuchung raten." Digital, das klang gut in H.s Ohren, viel besser als „Finger im Hintern", weshalb er auch sofort einwilligte. Leider hatte er früher im Lateinunterricht immer Schiffeversenken gespielt, so dass ihm nun, als der Arzt sich schon den Gummihandschuh überzog und ihn aufforderte, sich doch bitte freizumachen, zwar ein schrecklicher Verdacht kam, aber leider viel zu spät.

Tipp

Sollten Sie Ihrer Frau einmal zum Hochzeitstag statt Rosen aus Versehen Rosinen überreichen, trösten Sie sich und Ihre Liebste doch mit dem Hinweis, dass Rosen zwar schön anzusehen sind, dass aber auch diese einmal welken, und im Gegensatz zu den schon verschrumpelten Rosinen nicht dazu taugen, am Abend vor dem Fernseher geknabbert zu werden. Sollten Sie die Nacht dann im Hotel verbringen müssen, haben Sie wenigstens schon was zu naschen dabei.

Projekte

Vor kurzem hörte ich einen jungen Mann aus der Werbebranche, der aber augenscheinlich nicht schwanger war, sagen: „Dieses Projekt, das ich gerade im Bauch habe, das braucht noch ein bisschen", wobei er sich einen weiteren Bissen von seinem Riesenschnitzel absäbelte und in den Mund schob. Durchaus möglich, dass die Werber sogar Ihre Verdauung als kreativen Prozess begreifen, obwohl ich mir nicht vorstellen kann, dass sich das mit dem Dogma der Teamarbeit vereinbaren lässt.

Sonetteltes Verschlüss

Sogar Gedichte 00111001101110 verschlüsseln,
100100000111010000001110100 NSA und BND!
00101101110011001101001011110 dem Kanapee
mit großen 11001000100011000111 und Schüsseln.

Das ist 1001011100100110010100 oder Negligé.
Nun also 100000010010001011 Datenrüsseln.
00110111100100001 Dechiffrierungsschlüsseln.
Ist das denn 11001100111101110 ins Dekolleté?

0100001001100101001000001 ja grad der Witz!
Und das 01000000011110111010101 als abgemacht
Wer vorn 011010010110010101110 ist hinten spitz

Seit Stunden 0111101110100011101000 verbracht
mir all 00011011110010100011 oder Lakritz
11001-11001-11001-11001! Hab selten so gelacht!

92

Situation,
in der man keinesfalls lachen sollte

Ich so: Das war Franz von Assisi.
Sie so (schwärmerisch): Ach ja, Franz und Sisi.

Zweiter Frühling

Seitdem ich mich wieder in Ausbildung befinde, weiß ich, dass die Geschichte sich als Farce wiederholt: Ich bin psychisch labil, neige zu unmotivierten Wutanfällen, nehme Drogen (Tegernseer Hell), und mein Körper verändert sich (ich werde fett). Wer sich also noch einmal wie ein pubertierender 15-Jähriger fühlen möchte, der sollte Lehrer werden.

Verbesserungsvorschlag

Alarmtöne sind ja selten was fürs Ohr, man soll ja nicht gerne hinhören, sondern sich in Acht nehmen. Das Dumme dabei ist jedoch, dass ein sehr lauter, sehr unangenehmer, sehr durchdringender Klingel- oder Heulton die meisten Menschen in Panik versetzt. Statt umsichtig das Weite zu suchen, rennen sie schon kopflos umher, bevor sie überhaupt Gelegenheit bekommen, diesen tatsächlich zu verlieren. Die lästigen Feuer- und Amokübungen in der Schule zum Beispiel, würden sicherlich um einiges besser aufgenommen werden, wenn das Geräusch dem Anlass entsprechen würde. Ich stelle mir vor, dass anspruchsvolle und zugleich unterhaltende Musikstücke wie Morricones „Lied vom Tod", Marleys „I shot the Sheriff" oder Mahlers „Kindertotenlieder" bei allen Beteiligten einen kalmierenden, vielleicht sogar kathartischen Effekt zeitigen könnten.

Ein Prinz ward geboren

Ein Prinz, hurra! Es ist grad wie ein Wunder!
Gebenedeit als Frucht des Windsor-Leibes,
fielst du vom Schoß des Thronnachfolger-Weibes
und wirst nun stündlich runder und gesunder.

Man feiert dich, hisst Fahnen, schießt Kanonen,
man macht aus dir die britisch große Sache.
Stramm wird man dich erzieh'n, du aber lache
und halte durch! Denn einmal wirst du oben thronen!

Dann kannst du machen, was du willst, nach freien Stücken.
Coming of Age! Brich aus dem goldenen Verlies.
Dass das gelingt, dafür woll'n wir die Daumen drücken.

Was immer du auch tust, bedenke dies,
dir muss auf jeden Fall im Lebens eines glücken:
Fahr nie mit Vollgas im Mercedes durch Paris!

Gute Nacht!

Nachdem in München inzwischen nicht nur „Die lange Nacht der Museen", „Die lange Nacht der Musik", „Die lange Nacht des Tanzes", die „Blade Night" sowie ein Dutzend anderer Themennächte vorübergegangen sind, schlage ich den Nachtaktiven vor, es zur Abwechslung mal mit einer langen Nacht des Schlafes zu versuchen, oder, wenn Sie partout nicht stillhalten können, dann eben mit einer langen Nacht des Sie-wissen-schon. Kann auch sehr lehrreich sein.

Vorsatz

Sollte ich einmal einen Sohn in die Welt gesetzt haben, dann werde ich ihn ‚Karlundheinz' nennen. Einfach nur ‚Karl Heinz' klingt irgendwie unschön, hässlich beinah. Ebenso ‚Karl-Heinz', Bindestriche haben so was Aggressives. Ich bin schon für das Verbindende, aber dazu haben wir im Deutschen das schöne Wörtchen ‚und'. Obwohl ‚Karlaberheinz' vielleicht nicht die schlechtere Wahl ist.

Das Erbe der Väter

Wie angenehm wäre es, wenn man nicht nur das Erbe der Eltern sondern auch ihre Erbanlagen erst nach ihrem Tode antreten müsste. In fortgeschrittenem Alter wäre man dann reif genug, die peinliche Brustbehaarung und die große Nase von Papi klaglos hinzunehmen.

Aufklärung

Großes Erstaunen ernte ich regelmäßig, wenn ich auf die Frage, welches Sternzeichen ich habe, antworte, ich hätte gar keines, sondern sei schon vor Jahren auf die Gemeinde gegangen und dort gegen Gebühr ausgetreten. Auch wenn dann nicht selten an meinem Verstand gezwefelt wird – es ist mir egal, solange die Leute nur überhaupt an etwas zweifeln.

Freunde fürs Leben

Obama lädt Herrn Putin aus,
Herrn Putin macht sich nichts daraus.
Er fängt stattdessen einen Stör
und ringt mit einem Zirkusbär.

Obama wird vor Zorn ganz blass.
Herr Putin aber pfeift sich was,
lässt oben ohne Pferde weiden
und sich von seiner Alten scheiden.

Danach befiehlt er rasch Asyl.
Obama ärgert das Kalkül,
es platzt ihm fast der Hemdenkragen.
Herr Putin fliegt zum Tigerjagen.

Er schießt und trifft mit jedem Schuss,
kämpft Judo wie ein Zerberus,
dann taucht er, grinsend und spontan,
hinunter in den Ozean.

Da bleibt er bis zum Weltrekord.
Obama tobt in einem fort
durchs Weiße Haus, ruft lautstark „Fuck!"
und trifft statt Putin Donald Duck.

Paradox

Die Arbeit frisst mich auf, aber dick werde dabei nur ich.

Die andere Seite

Während einer sonst kaum bewegenden Zugfahrt sah ich einmal eine Frau aus dem Fenster schauen. Nach einer Weile wandte sie sich an ihren Begleiter: „Guck mal, es regnet." Er bestätigte dies mit einer Kopfbewegung, deutete dann auf die andere Seite des Zuges und sprach: „Ja, da drüben auch!"

Übrigens!

Karl May ist völlig überschätzt. Zum Beispiel hat er sich in Stuttgart ständig verlaufen und schon als junger Mann konnte er keine zehn Meter geradeaus gehen. Günter Grass dagegen kann auf einem Finger pfeifen und weiß genau den Unterschied zwischen Geld und Hosenknopf.

Fürs Protokoll

Eltern, die ihre Kinder vor dem Computer parken, sorgen dafür, dass die Straßen sicher sind, unterstützen die Elektronikindustrie und den Einzelhandel und investieren so in die Zukunft des Standorts Deutschland. Statt über eine Herdprämie sollte die Bundesregierung daher mal über die Einführung einer Nerdprämie nachdenken.

Alle reden übers Wetter

Wie darf man es eigentlich verstehen, wenn man von seinen nach und nach eintreffenden Gästen sämtlich darauf hingewiesen wird, dass es draußen schneie? Ist es ein Ausdruck der Überraschung, dass im Wohnzimmer kein Blizzard wütet? Verbirgt sich dahinter die Furcht vor Indoor-Schneekanonen? Oder ist es ein versteckter Vorwurf der Knauserigkeit?

All inclusive

Zwölfmal wurde ich gestochen,
dreimal hab ich mich erbrochen.
Musste direkt nach dem Fliegen
tagelang im Wundbett liegen.

Hab fünf Sehnen mir entzündet,
einen Herzinfarkt begründet,
links den Knöchel mir verstaucht,
dreizehn Beutel Blut gebraucht.

In mir hat der Wurm schmarotzt,
hab mich völlig leergekotzt,
stank zerreißend wie ein Puma:
Rache von Herrn Montezuma.

Trotzdem – ginge es nach mir,
ich wär noch nicht wieder hier.
Das war klasse, keine Frage!
All inclusive, 14 Tage,

in Spitälern, Hospitalen,
ohne etwas zu bezahlen.
Schöner kann es gar nicht sein.
Danke, Auslandskrankenschein!

Herbst, auf ein Wort

Die Zeit verrinnt. Schon naht uns der Oktober.
Und du, der du den Sommer jetzt beerbst
– ja, genau du, Schwachmaten-König Herbst! –
machst uns das Leben sinnlos und zinnober.

So würdelos, wie du die Welt verfärbst,
die bunten Blätter andienst wie ein Ober,
dein ganzes Indian-Summer-Rumgekober,
das ist zum Kotzen,! Ekelhaft und derbst.

Kein Wunder, dass du keine Freunde hast.
Wie Peter Altmaier bleibst du alleine
und niemand spielt mit dir. Herbst, aufgepasst:

Nimm schleunigst Deine modrig-feuchten Beine
von meinem Küchentisch. Du bist kein Gast!
Vergiss das nicht. Verpiss dich und zieh Leine.

Ähh, Taliban,

nachdem Ihr neulich ein Hotel in Kabul angegriffen habt, mit der Begründung, dort würden Ausländer und reiche Afghanen wilde Partys feiern, was selbstverständlich nicht zu tolerieren ist, könntet Ihr dann nicht vielleicht mal bei unserem Nachbarn vorbeischauen? Dankt im Voraus: Titanic

Wenn Ihr, Nazis,

bitte endlich Eure V-Leute aus dem Verfassungsschutz abziehen würdet, dann könnte man diesen Verein vielleicht doch noch verbieten. Wärt Ihr so frei? Titanic

Schön, wenn man jung ist und noch Träume hat!

„Wenn ich groß bin, möchte ich mal Mitarbeiter werden!"

Herzlichen Glückwunsch!

Dass man alt wird merkt man am besten daran, dass einem außer dem freemail-Unternehmen niemand mehr zum Geburtstag gratuliert, und selbst die rufen nicht mehr an, sondern schreiben nur eine E-Mail, die in ihrem eigenen Spam-Filter hängen bleibt.

Unser Pfarrer Lübke

Wenn Ministranten auf die Walz gehen, dürfen sie sich ja bekanntlich ihrer Heimatpfarrei nicht weiter als bis auf 12 Ave Maria nähern. Unser alter Pfarrer Lübke aber prahlt noch heute damit, das Gebet in weniger als drei Sekunden runterrattern zu können, weshalb er damals gar nicht weit habe laufen müssen. Hat er reichlich vom Messwein genascht, verrät er auch gern den Trick. Das ursprüngliche Stundengebet aus dem Mittelalter sei nämlich nur halb so lang. Ha! Unser Pfarrer Lübke ist schon ein richtiger Filou.

Betreff:
Ihre unverlangte Manuskript-Einsendung vom 17.10.1833

Sehr geehrter Georg B.,
Sie schickten uns Ihr Exposé.

Also, was Sie da so schreiben –
lassen Sie es lieber bleiben!

Alles Mist! Vor allem jener
Kinderkram Leonce und Lena.

Ein Witz, und keiner von den besten:
das mit den Hütten und Palästen.

Ihre Woyzeck-Textcollage?
Hammerharte Vollblamage!

Und das Ding von Dantons Tod:
völlig kopflos, trocken Brot.

Nein, das alles ist ein Graus.
Spannen Sie mal tüchtig aus!

Sie sollten sich den Geist erfrischen.
Machen Sie doch was mit Fischen!

Jedenfalls: Für diesen Scheiß
gibt es nie den Büchnerpreis.

Tierisch gut

Vögel tölpeln durch die Blätter
Hasen schlingern durch den Hain
Bieber raspeln dünne Bretter
Eichhorn lässt das Rauchen sein

Schnurrend legt das Lamm sich nieder
Leise summt und brummt die Kuh
Kranich kaltpresst sein Gefieder
Seelig schlummert Känguruh

Freundlich grüßt die Winselstute
Buckelnd gähnt die kleine Katz
Bernhardiner hebt die Rute
Eule rechtschreibt einen Satz

Unsereins nimmt KaffeeKuchen
nach dem Gang durch die Natur
Wollte dort nach Fehlern suchen
Doch von Fehlern keine Spur

Lernzielkontrolle

Um herauszufinden, ob ein junger Mensch lebenstüchtig ist oder nicht, muss man ihn in der Schule nicht ausgiebig prüfen, es genügt schon, Folien für eine Präsentation am Tageslichtprojektor auszuteilen. Wenn der Schüler sich dann wundert, dass sein Vortrag misslingt, weil er auch die Rückseite der Folie beschrieben hat, dann weiß man Bescheid.

Sag mal, Hochwasser,

wird dir das nicht zu langweilig, immer in den gleichen öden Provinzkäffern in Gassen und Kellern herumzutümpeln? Geh doch mal nach Berlin und schau dir den Reichstag an oder in München die Allianz-Arena. Und besuch uns auf jeden Fall in Frankfurt! Bist herzlich eingeladen von: Titanic

Die Wahrheit

Ein Ponyhof ist nicht das Leben!

Abendbrot mit zwei Halunken

Schatzi, heut zum Abendbrot
kommen Heiland und der Tod.
Wollen gerne mit uns speisen
und danach nach Spanien reisen.

Wieso Spanien? Keine Ahnung!
Doch das Essen bedarf Planung.
Heiland ist nicht irgendwer!
Haben wir noch Camembert?

Auch der Tod ist ein Gourmet.
Wärm ihm doch Dein Pilz-Soufflé.
Und vom allerbesten Wein
schenken wir den beiden ein.

Sollen nochmal richtig lachen,
essen, reden, Faxen machen.
Denn vor einer großen Reise
wirken kräftigend die Speise

und der Trank. Am Ende dann
stoßen wir auf's Leben an.
Und nach diesem Gaumenschmaus
schmeissen wir die Kerle raus.

Tschüssi Heiland, Goodbye Tod!
Scheiß auf euer Angebot
von der Hoffnung, von der Angst!
Wenn wir beide, mittenmangst

in den warmen weichen Betten,
froh uns ineinander retten,
wenn wir hasten, feuertrunken –
wer braucht da die zwei Halunken?

Doppelwiedergänger

Nach seinem Tod war mein Großvater öfter zu Hause als vorher. Plötzlich war er immer da. Natürlich wusste ich, dass er tot war und ich ihn nicht berühren konnte, aber körperliche Nähe war bis dahin eh nie ein großes Thema gewesen. Ich hatte einen Schulkameraden, dessen Vater arbeitslos war und den ganzen Tag im Wohnzimmer vor dem Fernseher saß. Wenn dieser Schulkamerad alleine sein wollte, ging er in sein Zimmer und machte die Tür hinter sich zu. Mein Großvater aber war immer da, auch wenn ich vor der schlechten Laune meiner Eltern in mein Zimmer flüchtete. Er war immer da und begleitete mich überall hin. Es ist nicht gut, wenn Großeltern ihre Enkelkinder überallhin begleiten. Das war mir damals schon klar, aber was sollte ich tun, außer, ihn zu bitten, mich wenigstens auf dem Klo alleine zu lassen. Hat aber nicht geholfen, er hat sich nicht einmal umgedreht. Ich glaube, dass es meiner Großmutter ähnlich ging, das hat sie ein paar Mal auch so gesagt: „Er ist immer noch da." Das kann aber nicht stimmen, denn er war immer bei mir. Entweder irrte sie sich oder sie log, oder mein Großvater hatte einen Doppelgänger.

Käpt'n Iglo
An Bord der »SMS Jardin des Plantes«

Sein Bart ist vom Vorüberziehn der Stäbchen
ganz weiß geworden, so wie nicht mehr frisch.
Ihm ist, als wenn es tausend Stäbchen gäbchen
und in den tausend Stäbchen keinen Fisch.

Schwach ist sein Gang, mit kurzen Trippelschrittchen
vom Heck zum Kiel, seniorenhaft verdreht.
Quecksilberfischig jedes zweite Trittchen,
weil er auf einem Narwal-Holzbein geht.

Nur einmal schiebt der Vorhang vom Pupillchen
sich auf: Europa retten kann nur er!
Stark wie ein Wal war früher ja sein Willchen.
Doch heute? Käptn Iglo bläst nicht mehr.

DDR sei!

64 Jahre lang wurden wir belogen und betrogen, da man uns erzählte, die BRD sei der bessere deutsche Staat, der im Gegensatz zu dir einem Sportler außer Malzbier keinerlei Stärkung erlaube. Warte nur, wenn sich jetzt noch rausstellen sollte, dass auch die Bevölkerung der freien Welt von ihren Geheimdiensten bespitzelt wurde, dann, ja dann kommt sie bestimmt, die Revolution! Vorwärts immer, rückwärts nimmer:
Titanic

Was Hermann Hesse noch nicht wissen konnte

Angeblich sei es seltsam, im Nebel zu wandern, tatsächlich ist es noch viel seltsamer, mit 200 km/h über eine kurvige Landstraße durch den Nebel zu rasen.

Angebot (an M. Lanz)

Ich wette, dass ich sämtliche Moderatoren deutscher Polit-Talkshows mit verbundenen Augen an dem Geräusch unterscheiden kann, das entsteht, wenn meine Handfläche mit großer Geschwindigkeit auf eine Moderatorenbacke trifft. Das funktioniert übrigens auch mit Mitgliedern der Bundesregierung.

Unser Pfarrer Lübke

Als neulich herauskam, dass ein Bischof erster Klasse nach Indien geflogen war, um dort im Elendsviertel Urlaub zu machen, da fragten sich die Leute, was wohl der alte Herr Pfarrer dazu zu sagen habe. Der winkte ab und meinte, das sei schon blöd, aber noch blöder sei, sich dabei erwischen zu lassen. Ihm könne das nicht passieren. Wie das, fragten da die Kirchgänger. Nachdem er einen guten Schluck vom Messwein genommen hatte, verriet er den Trick. Immer im Sommer lasse er den Bischof glauben, er, Lübke, würde in Indien im Elendsviertel Kranke pflegen. Tatsächlich fliege er jedoch heimlich für drei Wochen nach Mallorca, erster Klasse selbstverständlich, fügte er verschmitzt hinzu. Das fand allgemeine Zustimmung. Unser Pfarrer Lübke ist schon ein richtiger Filou.

Inhalt

Abendbrot mit zwei Halunken 108
Ähh, Taliban, ... 103
Alle reden übers Wetter 100
Alles Lüge 44
All inclusive 101
Als es einmal schön war 45
Alter Fritz für die Katz 15
Am liebsten 42
Amsel, Drossel, Fink, Katarrh 43
An Bord der »SMS Jardin des Plantes« 111
Angebot (an M. Lanz) 113
Angekommen 72
Aufklärung 77
Aufklärung 97
Aus den Rabatten 22
Bedeutungsspanne 33
Betreff:
Ihre unverlangte Manuskript-Einsendung vom 17.10.1833 105
Beweis 83
Da, das Meer! 38
Da draussen 31
Das Erbe der Väter 97
Das Tagwerk 25
DDR sel! 112
Der Mann aus Bochum 13
Die andere Seite 99
Die Straße runter 21
Die Verdauung, Rainer Langhans, ... 87
Die Wahrheit 107
Doppelwiedergänger 110
Drohnenpilot Hubert 8

Duett im Bett	11
Echt spritzig,	80
Edward Snowdens härtester Job	41
Eine kurze Geschichte der deutschen Sprache	16
Ein Idealist	36
Ein Markentraum	10
Ein Prinz ward geboren	95
Ein Stürmer, lieber Fritz von Thurn und Taxis,	80
Ein unbequemer Idylliker	70
Familienaufstellung	85
Freunde fürs Leben	98
Fürs Protokoll	100
Ganz neue Sitten	26
Gerücht	32
Gute Nacht!	96
Guter Gastgeber	7
Guter Vorsatz	44
Herbst, auf ein Wort	102
Herzlichen Glückwunsch!	104
Historischer Irrtum	76
In die Pfalz	27
It's a mens world	74
Käpt'n Iglo	111
Klassikaner	33
Lernzielkontrolle	107
National, Georg Baselitz,	81
Non scholae	90
Österreicher sucht Anschluss	71
O tempora	77
Paradox	99
Pelle ist Blutwurst	34
Prioritäten	30

Projekte	*91*
rechts oben	*86*
Reifeprüfung	*20*
Roll over Beethoven	*40*
Sag mal, Hochwasser,	*107*
Schatten von Grau	*68*
Schön, wenn man jung ist und noch Träume hat!	*103*
Selbstanzeige	*88*
Sicherer Nebenverdienst!	*83*
Situation, in der man keinesfalls lachen sollte	*93*
So geht's doch auch	*7*
Sonetteltes Verschlüss	*92*
Sophistereien	*70*
Sprichwort, auf seine Alltagstauglichkeit überprüft	*90*
start-down	*32*
Street Photography 01	*75*
Three Kings	*12*
Tierisch gut	*106*
Tipp	*91*
Übrigens!	*99*
Unser Pfarrer Lübke	*104*
Unser Pfarrer Lübke	*114*
Verbesserungsvorschlag	*44*
Verbesserungsvorschlag	*76*
Verbesserungsvorschlag	*94*
Verfall einer Familie	*17*
Vernünftig	*30*
Vierschanzenquark	*18*
Vorsatz	*96*
Warnung	*26*
Was für Zeiten!	*71*
Was Hermann Hesse noch nicht wissen konnte	*112*

Was man so erben kann 10
Was Singles gegen die Einsamkeit tun können 84
Was soll das? 40
Wenn ich erstmal erleuchtet bin 28
Wenn Ihr, Nazis, ... 103
Wider die unnatürliche Ordnung der Dinge 42
Wie hätten Sie entschieden? 14
Worüber Sanitäter lachen 84
Wunderbar 82
Wunderheilung 87
Zeichen. Und Wunder? 24
Zum Jahreswechsel: Blick zurück nach vorn 78
Zweiter Frühling 93

Angaben zur Erstveröffentlichung

Die meisten Prosatexte von Tibor Rácskai sind zwischen 2001 bis 2014 zuerst im endgültigen Satiremagazin *Titanic* erschienen. Einige Texte wurden zuerst im jährlich erscheinenden Münchener *Phobi Almanach* (2006 und 2012) veröffentlicht. „Ein Idealist" erschien zuerst in der Reinkarnationen von PARDON im Februar 2004.

Die komische Lyrik von Peter P. Neuhaus erschien seit 2011 zuerst auf der Wahrheit-Seite der Berliner *taz.die tageszeitung*. Die Gedichte „Käpt'n Iglo" und „Edward Snowdens härtester Job" wurden zuerst in der *Titanic* gedruckt.

Den Redakteurinnen und Redakteuren sei Dank!

Über die Autoren

Tibor Rácskai ist Autor und Lehrer in München. Er schreibt nebenbei für die Titanic und ist Autor des Stücks „Aufgeben oder Bleibenlassen", das im Jahr 2002 seine Welturaufführung erlebte. 1993 besuchte er zum ersten Mal F.W.Bernsteins Zeichenseminar und traf dort auch auf Herrn Neuhaus – der Rest ist Geschichte. Rácskai hat einen ausgeprägten Sinn für Skurriles und Abgründiges und ist ein multimediales Wunderkind, weshalb er auch sehr gern in seiner Freizeit Lichtbildervorträge wie z.B. „Alles auf Anfang" komponiert.

Peter P. Neuhaus ist Autor und Grafikdesigner im Sauerland. Er spielt und organisiert seit beinah 30 Jahren Kleinkunst und Theater. 1990 besuchte er zum ersten Mal F.W.Bernsteins Zeichenseminar und traf dort auch auf Herrn Rácskai – der Rest ist Geschichte. Seit langem schreibt er, seit drei Jahren werden seine Texte auch veröffentlicht. Zum Beispiel in der taz und der Titanic.

*Rácskai und Neuhaus
lesen gerne vor*

Wann haben Sie je wieder die Chance, einen schönen Titanic- und einen gutaussehenden taz-Wahrheit-Autor gemeinsam auf Ihrer Bühne zu präsentieren? Gönnen Sie sich was! Machen Sie sich und Ihrem Publikum eine Freude. Buchen Sie uns.

*Wir kommen gern zu Ihnen
– und dann auch gerne wieder!*

www.lesung-mit-wasserglas.de